बेटियां

पूर्वी श्रीवास्तव

Made with ♥ on the Notion Press Platform
www.notionpress.com

मम्मी, पापा और भाई को समर्पित

क्रम-सूची

प्रस्तावना   vii

पावती (स्वीकृति)   ix

  1. अध्याय 1   1

  2. अध्याय 2   3

  3. अध्याय 3   5

  4. अध्याय 4   7

  5. अध्याय 5   9

  6. अध्याय 6   11

  7. अध्याय 7   13

  8. अध्याय 8   14

  9. अध्याय 9   16

10. अध्याय 10   18

11. अध्याय 11   20

12. अध्याय 12   21

13. अध्याय 13   23

14. अध्याय 14   25

15. अध्याय 15   27

16. अध्याय 16   29

17. अध्याय 17   31

18. अध्याय 18   33

19. अध्याय 19   35

20. अध्याय 20   37

क्रम-सूची

21. अध्याय 21   39

22. अध्याय 22   41

23. अध्याय 23   43

24. अध्याय 24   45

25. अध्याय 25   47

प्रस्तावना

"बेटियां"–यह सिर्फ़ एक किताब नहीं, भावनाओं का एक अनमोल संकलन है, जो बेटियों के अस्तित्व, संघर्ष, प्रेम और उनके अनकहे जज़्बातों को शब्दों में पिरोता है। इस पुस्तक में संकलित 25 हिंदी कविताएँ न केवल बेटियों के कोमल हृदय और उनकी शक्ति को दर्शाती हैं, बल्कि समाज में उनकी भूमिका और महत्व को भी उजागर करती हैं।

हर बेटी अपने आप में एक कहानी है–कभी मासूम मुस्कान के पीछे छिपी संवेदनाओं का संसार, तो कभी कठिनाइयों से लड़ती हुई आत्मनिर्भरता की मिसाल। इन कविताओं में आपको बेटी के बचपन की चंचलता, पिता के स्नेह की छाया, माँ की ममता का दर्पण, और समाज की उम्मीदों का भार सब कुछ महसूस होगा। साथ ही, इनमें वे सपने भी हैं जो बेटियाँ अपने पंखों में संजोए आसमान छूने की हिम्मत करती हैं।

यह संकलन सिर्फ़ शब्दों का मेल नहीं, बल्कि हर उस हृदय की गूँज है जो बेटियों को समझना चाहता

है, उनका सम्मान करना चाहता है। आशा है कि ये कविताएँ आपके मन को छूएँगी, आपके हृदय में बेटियों के प्रति प्रेम और संवेदनशीलता को और अधिक बढ़ाएँगी।

पूर्वी श्रीवास्तव

पावती (स्वीकृति)

"बेटियाँ" कविता संग्रह को लिखना मेरे लिए सिर्फ़ एक साहित्यिक प्रयास नहीं, बल्कि एक भावनात्मक यात्रा रही है। इस यात्रा में जिन लोगों ने प्रत्यक्ष या परोक्ष रूप से मेरा मार्गदर्शन और सहयोग किया, उनके प्रति मैं हृदय से आभार व्यक्त करती हूँ।

सबसे पहले, मैं उन सभी बेटियों को धन्यवाद देना चाहती हूँ, जिनकी कहानियों, सपनों और संघर्षों ने मुझे यह पुस्तक लिखने की प्रेरणा दी। उनकी हँसी, आँसू, साहस और स्नेह ने मेरी लेखनी को जीवंत बना दिया।

मेरे परिवार के सहयोग के बिना यह संकलन संभव नहीं था। मेरे माता-पिता, जिन्होंने हमेशा मुझे बेटियों के महत्व और उनकी शक्ति को समझने और अभिव्यक्त करने की शिक्षा दी। विशेषकर मेरे पिता श्री उदय कुमार , लेखक व रंगकर्मी , जिनके विचार , लेखनी और ज्ञान से मुझे हमेशा प्रेरणा मिलती है । जिन्होंने हमेशा मेरा मार्गदर्शन किया । उनके आशीर्वाद और प्रेरणा ने मुझे इस पुस्तक को पूर्ण करने का आत्मविश्वास दिया।

मैं तपिन्दु इंस्टिट्यूट ऑफ हाइयर स्टडीज़ के निदेशक अभिनेश्वर सिंह सर का भी धन्यवाद और आभार करना चाहूँगी जिन्होंने मेरी लेखनी को कॉलेज की पत्रिका में स्थान दिया । मुझे हमेशा आगे बढ़ने और अपनी इस लेखनी को निरंतर बनाये रखने के लिए प्रेरित किया ।

मेरे मित्रों और पाठकों का भी मैं आभार व्यक्त करती हूँ, जिन्होंने मेरी कविताओं को पढ़ा, सुझाव दिए, और अपने विचारों से मेरी रचनाओं को और अधिक संवेदनशील और प्रभावशाली बनाने में सहायता की।

अंत में, मैं उन सभी पाठकों का आभार व्यक्त करती हूँ, जो इस पुस्तक को पढ़ेंगे, बेटियों के प्रति अपने विचारों को और गहराई से समझेंगे, और समाज में बेटियों के महत्व को महसूस करेंगे। आप सभी का समर्थन ही मेरी सबसे बड़ी प्रेरणा है।

अध्याय 1

आ रही हैं बेटियां

छा रही हैं बेटियां

इस तरफ से

उस तरफ से

हर तरफ से

आ रही है बेटियां

छा रही हैं बेटियां

यह रेल को चला रही

हवाई जहाज उड़ा रही

सीमा पर दुश्मनों के छक्के यह छुड़ा रही

कमान संभालती हुई

आ रही हैं बेटियां

छा रही हैं बेटियां

इस तरफ से

उस तरफ से

हर तरफ से

आ रही हैं बेटियां

छा रही हैं बेटियां

पर आज भी कुछ बेटियां हैं

रो रही

सिसक रही

रूढ़ियों की बेड़ियों में, पिस रही घिसट रही

कौन रोक रहा है

उनके पढ़ने बढ़ने

उड़ने की चाह को

आंखें खोलो देखो

वह आ रही हैं बेटियां

छा रही हैं बेटियां

इस तरफ से उस तरफ से

हर तरफ से

आ रही हैं बेटियां

छा रही हैं बेटियां

अध्याय2

अपने खुशनुमा सपनों को
क्षितिज तक पहुंचाती है
रेखाओं की सीमा पार कर
वह लड़की कदम बढ़ाती है
अहले सुबह ख्वाबों की
चहचहाट उसे जगाती है
फिर ख्वाबों की किरणों के संग
वह हर ओर जगमगाती है
पायल की बेड़ियाँ तोड़ती
आगे निकल जाती है
देखो वह लड़की कदम बढ़ाती है
फूलों को दोस्त चिड़ियों को सखी बताती है
पहाड़ों से निकलने का रास्ता
नदियों को वह दिखलाती है
बारिश की बूँद से
नई इबादत लिखती जाती है
देखो तो वह लड़की कदम बढ़ाती है
कुश्ती के मैदान में वह भी दांव चलाती है
अंतरिक्ष से पृथ्वी देख खुशी से मुस्कुराती है

अपने खिलौने वह अब
खुद मिट्टी से बनाती है
देखो वह लड़की कदम बढ़ाती है

अध्याय 3

नए युग की पहचान हैं बेटियां
सोच की नई उड़ान हैं बेटियां
विज्ञान की रचती नई कहानी
छूती सपनों का आसमान है बेटियां
चंद्रयान की सफलता की
रोशनी हैं बेटियां
रॉकेट के संग भरती
उम्मीद की उड़ान हैं बेटियां
नए युग की नई जान हैं बेटियां
केमिस्ट्री के रंगों में करती आविष्कार
फिजिक्स के सूत्रों से करती भविष्य तैयार
मैथ्स की संख्याओं से
जोड़ती नई कहानी हैं बेटियां
कोडिंग और एआई से
नई दुनिया गढ़ती हैं बेटियां
डॉक्टर इंजीनियर रोबोटिक और बायोटेक
नई राहों की खोज करती
हर बंधन को तोड़ती हैं बेटियां
उलझन के जवाब ढूंढते

समस्याओं को हल करती हैं बेटियां
आज बेटियां हैं विज्ञान की शान
नए आविष्कारों में भर रही प्राण
ना रोक सके कोई बंधन और समाज
बेटियां हैं नए युग की आवाज
विज्ञान का सूरज चमकेगा यूँ ही
नए युग की कहानी लिखती हैं
नई पहचान बनती हैं बेटियां

अध्याय 4

"कला और बेटियां"

कला का सृजन करती,
सपनों की भरती उड़ान,
बेटियां हैं कला की सबसे सुन्दर पहचान
रंगों में घुलती उनकी हंसी,
कभी हैं कूची, कभी हैं तान,
बेटियां हैं कला की जान
मिट्टी से अनोखे रूप गढ़ती
नृत्य की लय में बहती ,
घुँघरू की छन-छन से,
चूड़ी की खन-खन से,
कला से जग को
आलोकित करती हैं बेटियां
कभी कथक, कभी भरतनाट्यम,
कभी मधुबनी, कभी चित्रपट में
मुद्राओं के भाव दिखाती
लेखन में नव रस घोलें,
कविताओं में स्नेह जताती
कभी कहानी, कभी उपन्यास,
कला का विकास करती हैं बेटियां

कढ़ाई, बुनाई या हो चित्रकारी, हर विधा में अव्वल
आज की बेटियां
कभी शिल्पकार, कभी गायिका,
हर रूप में वे अद्भुत नायिका
बेटियां कला की परछाई,
बेटियां हैं तो कला है जीवंत,
हर रचना में वे लगाएं छंद।
इनके बिना सृष्ट अधूरी दिखती
सम्मान करें हम इनकी कला का
कलाकारी से जग को सुन्दर बनाती हैं बेटियां

अध्याय5

"अभिनय और बेटियां"
अभिनय की रंगीन दुनिया में
बेटियों की हंसी गूंजती है,
सुबह के पहले किरणों की तरह
हर नई सुबह, चमकती हैं
छोटे-छोटे कदमों से चलती हैं,
नई राह बनाती हैं
मंच पर डायलॉग बोलती
हाव- भाव से अपने
सबके मन को जीत जाती हैं बेटियां
एक अदृश्य पर्दा ,
कभी-कभी,
बस खुद को छुपाने का,
कभी-कभी, निखार लाने का
संवेदनाओं का अलख जगाती हैं बेटियां
कभी सामने आकर,
कभी अंगीठी की आंच में छिपकर ,
बेटियां बुनती हैं अपने सपने,
अपनी आवाज़ों से, अपने गीतों से,
वे अदृश्य लकीरे खींचती हैं,
लोगों के दिलों में अपने रंग भरती हैं बेटियां
अभिनय केवल एक नाटक नहीं,

यह एक जीवन है,
बेटियों का असीमित विस्तार,
अभिव्यक्ति की एक निपुणता,
उनकी आँखों में एक कहानी है,
मुस्कान से अपना एक सपना बुनती हैं बेटियां
अभिनय करती उनकी आँखें
ताकत रखतीं उनकी भावनाएँ,
हर एक पल में वे जीती हैं, अपने सपनों का बाग,
हर रूप में खुद को ढाल कर
अभिनय की बनती पहचान
अभिनय के मंच पर बेटियां पीछे नहीं हटती,
हर गिरने में एक नई शुरुआत करती
हर धड़कन में एक नई कहानी गढ़ती
हर मंच पर एक नया स्वर सुनाती
बेताब, अविचल ,
सपनों के आकाश में उड़ती हैं, बेटियां
अपने अभिनय द्वारा,
वे रचती हैं अपनी पहचान,
अभिनय से वे खुद को पाती हैं,
सामथ्य की झलक दिखातीं हैं बेटियां
दीवारों पर टंगे चित्रों की तरह,
सपने जीती हैं अपने रंगों से,
बेटी एक कलाकार के रूप में,
दुनिया को सजाती है,
सपनों को सच्चाई में तब्दील करती हैं बेटियां
अभिनय के इस क्षेत्र को मजबूत बनाती हैं बेटियां

अध्याय6

"पिता और बेटी"
पिता है वो जो साया बनकर,
हर मुश्किल में संग निभाए ,
बेटी की छोटी मुस्कान पर भी,
मन ही मन वो फूल खिलाये ।
बचपन में उंगली पकड़ के,
पहला कदम चलना सिखाया ,
गिरने से पहले ही हर पल,
प्यार भरा आँचल फैलाया।
कभी घोड़ा बन हँसाया,
कभी कहानियां सुनाई,
परियों की दुनिया की सैर कराई
बेटी की हर खुशी के खातिर
सपनों का संसार सजाया,
पहली साइकिल की सवारी में,
पीछे से संभाले रखा,
हर ठोकर पर हौसला देकर,
उसके साहस को आगे बढ़ाया
पहली हार पर ढांढस बंधाई,
पहली जीत पर आँसू बहाए,
खुद से ज्यादा गर्व किया
जब बेटी ने नाम कमाया

रूठी जब पहली बार कभी,
मनाने को हर तरीका अपनाया
पिता का दिल है समुन्दर जैसा,
हर लहर में प्यार ही पाता है।
इस रश्ते की गहराई को,
बयां शब्दों में कोई कर न पाता है
पिता और बेटी का रश्ता है अनमोल, अटूट, पावन,
जब भी बेटियों ने सपना देखा
पिता ने अपना हाथ बढ़ाया
सपनों को पूरा करने को
उनके पंखों को सजाया
धूप में छाँव बनकर थाम कर रखा हाथ
कभी पूछते कई सवाल
चिंता उनको सदा सताती
फिर भी निर्भीक बनाते
सदा बेटियों की शान होते
बेटियों की पहचान होते
उनकी मुस्कान से होती
बेटियों के दिन की शुरुआत
होता है अनमोल
बेटीयों के लिए पिता का साथ।

अध्याय 7

"माँ और बेटी"

माँ का आँचल, छाँव घनी,
बेटियां जब मुस्काती है,
माँ की दुनिया महकाती है।
नन्हे कदमों की वो आहट,
माँ के दिल में लाती राहत।
बचपन में गोदी में सोई,
माँ की लोरी मीठी
छोटे-छोटे सवाल हजार,
माँ ने दिए हर बार उपहार।
स्कूल गई जब पहली बार,
माँ की आँखों में इंतजार।
बड़ी हुई तो सपने देखे,
माँ के संग वो मीठे रश्ते।
कभी ज़िद्दी, कभी सयानी,
फिर भी माँ की नन्ही रानी।
माँ की ममता, बेटी की हँसी,
सुख-दुःख में भी दूर न जाए ।
जब बेटी बनती है माँ,
समझे वो भी हर एक दुआ।
माँ की सीख, माँ की बात,
अब वो भी दोहराए रात-दिन साथ।

अध्याय8

"कबड्डी और बेटियां"
कबड्डी खेलती बेटियां
मैदान में जब उतरी बेटियां,
हौसले संग चली बेटियां
हवा से तेज़, कदम बढ़ाए,
हिम्मत की लौ फिर जगाए
कबड्डी-कबड्डी कहती जाएं,
सपनों को साकार बनाएं।
हर बंधन को तोड़ चलीं,
आसमान तक दौड़ चलीं
कभी गिरें, फिर उठ जाएं,
मंज़िल को छूने बढ़ती जाएं
हाथों में जोश, निगाहें अडिग
सामने कोई भी हो, हिम्मत से आयें
माँ-बाबा की शान हैं बेटियां,
हर खेल की जान हैं बेटियां
दर्द को सहकर मुस्काती,
दुनिया में अपनी जगह बनाती
धूल से सजे उनके गाल,
पर दिल में चमके उजाल
हर कदम पे दम दिखलाएं,
बाधाओं से न घबराएं

सपनों को अपनी हकीकत करें,
नाम रोशन इस धरती पर करें
मैदान में जब दहाड़ लगाएं,
दुश्मन भी थर-थर कांप जाए
लेकर साथ हौसलों की डोर
देखो कैसे बदलेंगी दौर
अब न रुकेंगी, न झुकेंगी,
जीत की राह खुद ही चुनेंगी
हर खेल में परचम लहराएंगी,
कबड्डी संग दुनिया को बताएंगी–
हम हैं शक्ति, हम हैं आग,
हमसे चमके देश का हर भाग

अध्याय 9

"संगीत और बेटियां"
बांसुरी की मधुर धुन में
बसती हैं बेटियां
सितार के तारों में
सपने पिरोती हैं बेटियां
तबले की थाप में
गीत नया गाती हैं बेटियां
गजल की शायरी हो
या कव्वाली की बात
बेटियों की आवाज देती है साथ
भजन में भक्ति रस लातीं
कभी रॉक म्यूजिक से
जग को जगाती हैं बेटियां
कभी राग यमन कभी भैरवी
हर स्वर की महफ़िल सजाती हैं बेटियां
क्लासिकल हो या पॉप का जादू
हर धुन में नया रंग लाती हैं बेटियां
तालों की लहरों में सपना सवाँरती
सुरों की छाया में
जीवन निखारती है बेटियां
नूपुर की झंकार हो या ढोलक की ताल
संगीत में करती कमाल हैं बेटियां

हर धुन के साथ लिखती नई कहानी
हर स्वर के साथ बनाती
नई पहचान हैं बेटियां
झिलमिल सुरों में प्यार बरसाती
नया गीत गाती हैं बेटियां

अध्याय10

"संस्कृति और बेटियां"
रंगोली से आंगन को सजाती
दीप जलाकर अंधियारे हर लेती
गीत मीठे मीठे गाती
कई कहानियां सुनाती हैं
बेटियां घर की लाज
कुल की पहचान
मां की शान पिता का सम्मान
परंपराओं का श्रृंगार हैं
संस्कारों की जान हैं बेटियां
रक्षाबंधन का प्रेम हैं
तीज की पूजा हैं
नवरात्री का गरबा करती
दिवाली की रोशनी हैं बेटियां
वेदों का ज्ञान
श्लोक की छाया
परंपरा की लाली
संस्कृति की पहचान होती हैं बेटियां
हर रंग में ढलती
आगे बढ़ती ,
संस्कृति की धरोहर को
जीवित रखती हैं बेटियां

पूर्वी श्रीवास्तव

हर युग में नयी रोशनी
नया प्रकाश फैलाती हैं बेटियां

अध्याय11

"साहित्य और बेटियां"
हर पंक्ति से नई कहानी बनाती
सपनों से सजी नयी गाथा लिखती
पहले सुनती थी जो नई कहानी
अब खुद अपनी कहानी लिखती
कविताओं की दुनिया में चमकती
अपने एहसासों को रचती है बेटियां
कभी कबीर के दोहे जैसी
कभी मीरा के भजन के जैसी
साहित्य के पन्ने भर रही है बेटियां
अपनी पहचान को रचती है बेटियां
कलम चला कर जादू चलाएं
हर शब्द से नया मोड़ ले
सोच की नई मार्शल जलाएं
आगे बढ़ती है बेटियां
संस्कृति को साथ लेकर
शब्दों के नए विचार लेकर
लिखती नया इतिहास है
भविष्य का आधार है बेटियां
अपने हाथ नए जग का निर्माण करती
नया संसार रचती है बेटियां

अध्याय 12

"क्रिकेट और बेटियां"
दिल में एक अरमान लिए
साथ देश का मन लिए
आन बान और शान हमारी
मैदान सजाती है बेटियां
बॉल उठाये बात घुमाये
दुनिया को अपना हुनर दिखाएं
मजबूत इरादों के संग
शक्ति दिखलाती है बेटियां
कवर ड्राइव और स्क्वायर कट
जिसमें बेटियां बनती चैंपियन
इसमें चौकों छक्कों की बरसात करती
सपनों की उड़ान भरती है बेटियां
नए जज्बे जुनून और मेहनत संग
चमकते नए अंदाज में
मैदानों को रोशन करती
क्रिकेट खेलती है बेटियां
बनाती अपनी नई पहचान
देश का बढ़ाती मान
होती हम सबका सम्मान
हर मौके से पूरा करती अपना अरमान
वर्ल्ड कप जीत कर लाती

छा जाती है बेटियां
नई उमंग नई आशा संग
बल्ले घुमाती है बेटियां

अध्याय13

"कुश्ती और बेटियां"
कहते थे तब यह खेल नहीं
तुम्हारे बस की बात नहीं
लिए हौसला साथ अपने
कहती है मैं कमजोर नहीं
मिट्टी की खुशबू संग लिपटी
अपनी नई पहचान बनाती है
आत्मविश्वास और हिम्मत के संग
कदम बढाती जाती है
कुश्ती के अखाड़े में
जब आती है बेटियां
लड़ती है साहस के संग
संकल्प नया लेती है बेटियां
गिरती है संभलती है
मजबूत पहलवानों को
अखाड़े में पटखनी देती है
एक झटके में हौसले से
जीत कर आती है बेटियां
हिम्मत का परचम लहराती
लड़ती है बेटियां
अखाड़े की शोभा बढ़ाती
आगे बढ़ती है बेटियां

लड़ती जाती है बेटियां

अध्याय14

"हॉकी और बेटियां"
हाथों में स्टिक लिए
हरी घास पर उड़ती है
बॉल को गोल करती
खुशी से उछलती है बेटियां
कितना अच्छा लगता है
जब दौड़ती है बेटियां
बिना रुके बिना डरे
भागती है मैदान में बेटियां
हर एक शॉट
हर एक गोल से
तकदीर लिखती है बेटियां
हॉकी केवल खेल नहीं
सपनों की पहचान है
हर एक मैच से नई कहानी
लिख जाती है बेटियां
हॉकी स्टिक लिए हाथ में
नए रास्ते बनाती हैं
देश के मंच पर
नई कहानी बनाती हैं
देश का अभिमान है बेटियां
मैच जीत कर ट्रॉफी लाती

जीवन के रण
जीत जाती है बेटियां
हॉकी के स्टिक से
अपनी किस्मत बदलती है बेटियां

अध्याय 15

"अंतरिक्ष और बेटियां"

अंतरिक्ष को निहारती

सपनों की आंखों से

ग्रहों की धुरी घुमाती

नई खोज की आस जगाती

अंतरिक्ष यान में चढ़कर

नयी दृष्टि नया इतिहास रचती

धरती का प्रकाश बनती

शक्ति स्वरुप हैं बेटियां

सितारों से करती सवाल

चांद पर बनाती निशान

नक्षत्र की ओर बढ़तीं

नई खोज करती

खोजती रहस्य भविष्य के

मंगल पर मिट्टी खोजती

चांद पर बनाती मकान

आसमान में उड़ान भरती

अंतरिक्ष तक बनाती

अपनी पहचान है बेटियां

उड़ान भरती बंधन तोड़ती

हर पल नया इतिहास लिखती

अंतरिक्ष के रहस्य का जवाब ढूंढते

गर्व से झंडा लहराती है बेटियां

अध्याय 16

"इंजीनियरिंग और बेटियां"
लेकर सपनों से भरी मेहनत की थाली
दुनिया निराली करती है
फार्मूले मशीन और कोडिंग की भाषा
हर कोने में विज्ञान की आशा
बनती है बेटियां
इंजीनियरिंग की राहों में
चलती आती है बेटियां
सर्किट एल्गोरिथम डिजाइन की भाषा समझती
मशीनों से खेलती है बेटियां
रोबोट संग उड़ाने भरतीं
तकनीक की जटिलता सुलझाती
कोड की लाइन हो
या हो पुल के नक्शे
हर जगह अपने कदमों के
निशान बनाती
रातों को जाकर
प्रोजेक्ट बनाती है बेटियां
डिग्री ही नहीं हौसला भी पाती
सपनों के पीछे बेहिचक भागती
पुरानी सोच को तोड़ती
नई परिभाषा जोड़ती है बेटियां

सॉफ्टवेयर मैकेनिक सिविल की जान
हर ओर बिखेरती अपनी पहचान
इंजीनियरिंग का भविष्य उज्जवल बनाती
नए आयाम गढ़ती है बेटियां
इंजीनियरिंग में नया इतिहास बना रही है बेटियां

अध्याय17

"अखबार और बेटियां"
सुबह सवेरे अखबार आता
नई खबरों को साथ ले आता
कहीं सियासत कहीं बाजार
कहीं खिलाड़ियों का संसार
हर पन्ने पर होती बेटियों की कहानी
कहीं सफलता की मिसाल बनती
कभी समाज से लड़ती दिखती है बेटियां
कहीं मेडल जीतकर आई
कहीं साइंटिस्ट बनकर
नयी राह बनाती
कहीं स्कूल की टॉपर बनती
कहीं बिजनेस की रानी बनती है बेटियां
पर अखबार के एक कोने में
रोती सिसकती
पंख कहीं पर तोड़े जाते
कहीं तोड़ी जाती है बेटियां
पर इन जंजीरों को तोड़ती हैं बेटियां
गिरती टूटती बिखरती
फिर संभलती चलती दौड़ती
आगे आती है बेटियां
डरती नहीं बाधाओं से

बढ़ती जाती है बेटियां
अखबार के हर हिस्से को
मजबूत बनाती है बेटियां

अध्याय18

"त्योहार और बेटियां"
घर आंगन की खुशबू होती
त्योहारों की रौनक होती है बेटियां
दीप जलाती रंग बिखेरती
हर पल को महकाती है बेटियां
होली में खुशियों के
फुहारे उड़ाती
दिवाली में घर को
दुल्हन बनाती है बेटियां
सजाती कलाई भाई की
तीज में मांग की
लाली बढ़ाती है बेटियां
ईद की मिठास होती
क्रिसमस की कैरोल होती है बेटियां
संक्रांति में पतंग से उड़ती
बसंत की कोयल सी
चहचहाती है बेटियां
नव वर्ष की नई किरण
नव सूरज होती है बेटियां
नवरात्रि में शक्ति का रूप होती
सावन में कजरी गाती है बेटियां
छठ में सूर्य को अर्घ्य

देती पोंगल की मिठास होती है बेटियां
त्योहारों की धड़कन होती
मधुर स्पंदन होती है बेटियां
हर उत्सव में रंग भरती
आशीर्वाद होती है बेटियां

अध्याय19

"इतिहास और बेटियां"
कभी झांसी की रानी बनकर
युद्ध करती
कभी रजिया सी बनती हैं बेटियां
मीरा जैसी भक्ति रचती
कभी त्याग समर्पण की
लौ जलाती है बेटियां
अहिल्या बनकर राज्य संभालती
न्याय से हरपट उजियारा करती
नभ में कल्पना से उड़ती
सपनों की दुनिया की
उड़ान भरती है बेटियां
कभी सावित्री बन ज्ञान भरती
इंदिरा बन शक्ति की पहचान बनती
कभी सरोजिनी कभी टेरेसा
बनकर प्यार और सेवा का
नया सवेरा रचती है बेटियां
पन्ने इतिहास के पलटते हैं जब
हरिद्वार में नवयुग की रचना करती है बेटियां
कला विज्ञान या वीरता
हर युग में नारी विभूति है बेटियां
हर मुश्किल राहों को मोड़कर

आगे बढ़ती है बेटियां
इतिहास के हर पन्ने की
शोभा बढ़ाती है बेटियां
नई पहचान नया आसमान
बनाती है बेटियां
कल का इतिहास भी यही बताएगा
नवयुग का निर्माण करती है बेटियां

अध्याय 20

"सावन और बेटियां"
सावन की रिमझिम बूंदों संग
संगीत रचती है बेटियां
नाचती खेलती हंसती
हरियाली बन जाती है बेटियां
ठंडी बाजार में
खुशबू भरती है बेटियां
लहलहाती हरियाली संग मिलकर
धरती को संवारती है बेटियां
मेहंदी के बूटों में रंग भरती
सपने देखती है बेटियां
राखी में प्यार लुटाती
भाई को लंबी उम्र देती है बेटियां
सावन के गीतों में झूम कर
कजरी गाती है बेटियां
कभी बारिश में दौड़ती
कभी छत पर भागती
कभी नदियों से बहती
कभी बिजली सी
चमकती है बेटियां
सावन में झूला झूलती
खुशियां बरसाती है बेटियां

रस्मों की डोरी से आगे बढ़कर
गीत नया रचती है बेटियां
सावन की शोभा बढ़ाती
लहराती है बेटियां
सावन की बूंद में
नई शक्ति भरती है बेटियां

अध्याय 21

"डॉक्टर बिटिया"

बचपन से जो सपने देखते

रातों को जाग कर पड़ती

मुश्किल राह में ना हार

अपने हौसलों की जंग लड़ती है बेटियां

जब सपने बुनती हैं

ज्ञान की ज्योत जलाती हैं

संजीवनी बनकर धरती पर

दर्द सबका मिटाती है बेटियां

सफेद कोर्ट की शान बढ़ाती

हर दुख का मरहम बन जाती

चिकित्सा के पावन पथ पर

अपनी पहचान बनाती है बेटियां

हाथ थाम में मरीजों के

जीवन की डोर संभालती हैं बेटियां

हर रूप में स्नेह लुटाती

ज्ञान की ज्योत जलाती

नीट की परीक्षा में परचम लहराती

मेहनत करती आगे बढ़ती

लिए हाथ में दवाइयां

एक नया श्रृंगार करती

नया जीवन बनाती है बेटियां

कितनी सुंदर लगती है
अपनी प्यारी डॉक्टर बेटियां

अध्याय22

"शिक्षा और बेटियां"
ज्ञान की ज्योत जलाती
अंधकार को दूर भगाती
शिक्षा की राह को चुनकर
सपनों को आकार देती है बेटियां
संस्कारों की बात बताती
ईमानदारी का पाठ पढ़ाती
मां जैसी ममता से भरकर
शिष्यों को पथ दिखलाती
किताबों की भाषा में
किस्सों की परिभाषा में
नेकी सच्चाई का दीप जलाकर
नई दिशा दिखाती है बेटियां
अक्षर अक्षर जोड़कर
नई पीढ़ी को राह दिखाती
लिखना बोलना सोचना सिखाती
मूल्य की बात सिखाती है बेटियां
कभी इतिहास की कहानी बताती
कभी विज्ञान को समझाती
संस्कृति और सभ्यता की
नई परिभाषा गढ़ती है बेटियां
शब्दों की दुनिया में रम कर

बेटियां

कविता का भावार्थ बताती
शिक्षक बनकर बेटियां
दुनिया का नया रूप बनाती
स्वर में मां की ममता
ध्वनि में प्रेम का संचार
बेटियां शिक्षक बनकर
बदल रही है संसार

अध्याय23

"नृत्य और बेटियां"
झूमती अरमानों के संग
नृत्य बने उनकी पहचान
हर अदा में छिपी कहानी
हर मुद्रा में हो सम्मान
घुंघरुओं की रंजन से
सपनों के दीप जलाती
नैनो की भाषा बोलते
कथक की ताल पर
नाचती है बेटियां
भरतनाट्यम की शान बढ़ाती
ओडिसी के मोड़ों में
परंपरा की पहचान बनाती है बेटियां
पैरों में पायल बांधती
धरती पर रस बरसती है
थिरकती नन्हे कदमों से
मंच पर छा जाती है बेटियां
चक्र में जब घूमती जाए
धरती और गगन हिल जाए
एक मुद्रा में पलकें ठहराती
मन के भाव मिलाती हैं बेटियां
हर ताल - हर थाप के संग

सपनों की नई राह बनाती
घर आंगन में खिल जाती
नई पहचान बनती है बेटियां
नृत्य से जीवन खिल उठता
हर मन आनंदित होता
संग वहां स्वर्ग सा होता
जहां नृत्य करती है बेटियां

अध्याय24

"स्कूल और बेटियां"
क्लासरूम में जब हाथ उठाती
नए सवाल मन में लाती
फिजिक्स मैथ्स या हिस्ट्री हो
हर शिखर पर छा जाती है बेटियां
स्कूल के मैदान में तेज दौड़ती
गीतों की धुन पर झूमती
डिबेट हो या स्कूल स्पोर्ट्स
हर खेल में कमाल करती है बेटियां
शिक्षकों का गर्व होती
स्कूल की होती शान है
पढ़ लिख कर आगे बढ़ती
पहचान बनाती है बेटियां
भोर की करने संग
बस्ता पीठ पर लेती है
हंसते खेलते स्कूल जाती
ज्ञान की राह पर चलती है बेटियां
चीरती अंधेरों को
रोशनी बनाती है बेटियां
अपनी नई उमंग से
सपनों को सच करती
हंसती मुस्कुराती

हर रोज नया सीखती हैं
स्कूल जाती है बेटियां

अध्याय 25

"बेटी है सबका सम्मान"

होती है घर की शोभा

होती है घर की शान

मुस्कुराहट बिखेरती

सारे दुख को हर लेती है बेटियां

मां की लाडली ,

पिता की शान

रखती संस्कृति का मान

रोशनी फैलाती खुशियां लाती

खेलती गुड़िया होती है बेटियां

बहन बनकर साथ निभाती

मां बनकर रक्षक बन जाती

पत्नी बनकर प्रेम लुटाती

दोस्ती की थाह बताती

रिश्तों की नींव है बेटियां

नई राह पर चलती जाती

नई रोशनी संग लाती

रिश्ते को मजबूत बनाती

गर्व और विश्वास जगाती

सम्मान दिलाती है बेटियां

समाप्ति कभी अंत नहीं होती, बल्कि एक नए आरंभ की दस्तक होती है। बेटियां–इस काव्य संकलन की 25 कविताएँ सिर्फ़ शब्दों का संकलन नहीं, बल्कि उन अनगिनत भावनाओं की प्रतिध्वनि हैं, जो एक बेटी के अस्तित्व, संघर्ष, सपनों और उपलब्धियों से जुड़ी हैं।

इन कविताओं के माध्यम से हमने बेटियों के बचपन की मासूमियत से लेकर उनके आत्मनिर्भर बनने तक की यात्रा को शब्दों में पिरोने का प्रयास किया है। यह संकलन केवल उनकी सुंदरता की नहीं, बल्कि उनकी सहनशीलता, हिम्मत और अदम्य साहस की भी गवाही देता है। हर कविता में छिपी संवेदनाएँ एक पिता की ममता, एक माँ की चिंता, एक भाई की रक्षा भावना और समाज की बदलती सोच को दर्शाती हैं। लेकिन यह यात्रा यहीं समाप्त नहीं होती। बेटियां केवल कविताओं में नहीं, बल्कि हर घर, हर दिल, और हर रिश्ते में जीती हैं। उनका सम्मान, उनका अधिकार, और उनकी स्वतंत्रता–यही हमारी असली परीक्षा है।

इस संकलन को लिखते समय यदि हमने एक भी दिल को छुआ, एक भी सोच को बदला, या एक भी बेटी को उसका हक दिलाने की दिशा में प्रेरित किया, तो हमारा प्रयास सफल होगा। बेटियाँ केवल शब्द नहीं, संसार की सबसे खूबसूरत सच्चाई हैं। आइए, हम बेटियों का सम्मान करें, उनकी उड़ान में साथ दें और उनके सपनों को हकीकत बनाने में भागीदार बनें। क्योंकि बेटियाँ सिर्फ़ घरों की नहीं, पूरे समाज और सभ्यता की पहचान हैं।

धन्यवाद,